Herr, schenke mir Hoffnung

Gedanken zur Trauer

benno

Ein geliebter Mensch

Möge der geliebte Mensch,
von dem der Tod dich trennte,
dir immer in deinen Gedanken bleiben.
Ich wünsche,
dass du ihn gehen lassen konntest
mit dem Dank dafür,
dass ihr euch begegnet seid.
Möge in dir die Gewissheit wachsen,
dass du ihn wiedersehen wirst.
Und mögest du innewerden,
dass du eines Tages wieder ganz sein kannst –
bereichert um alles, was er dir gewesen ist.

Irischer Segenswunsch

Trost

Siehst du ein Menschenkind in Tränen,
verhaltnes Schluchzen in der Brust,
so wolle ja nicht, ja nicht wähnen,
dass du mit Worten trösten musst.
Vermeide es, ihn zu beraten;
geh weiter, aber sende dann
die Liebe, die in stillen Taten
ihm heimlich, heimlich helfen kann.
Berührt ein kalter Schall die Wunde,
so schmerzt nur und heilt sie nicht;
der Trost wohnt nicht im leeren Munde,
er ist des Herzens tiefste Pflicht.
Vor einem Wort am rechten Orte
kehrt wohl der Harm beruhigt um,
doch wahrer Schmerz hat keine Worte,
und auch der wahre Trost ist stumm.

Karl May

Warum

Die Zeit vergeht, aber die Erinnerung an den Tod eines Menschen holt uns immer wieder ein. Neue Gefühle kommen hoch, Zorn, Wut vielleicht auch Schuldgefühle. Diese Momente sind nicht planbar oder zu beeinflussen, sie überwältigen uns. Gefühlsausbrüche übermannen uns, viele Tränen fließen, viele Fragen stellen sich neu, aber vor allem das „Warum". Warum musste dieser Mensch schon sterben? Warum auf diese Art? Warum ist dieses oder jenes vorgefallen und warum kann ich es nicht mehr ändern …? Wichtig ist jetzt, sachlich zu bleiben, den Fragen Raum zu geben, aber sie stehen zu lassen und ihnen nicht weiter nachzugehen. Auf diese Fragen gibt es keine fertigen Antworten, vielleicht sogar überhaupt keine. Im Chaos der Gefühle können wir keine Antworten annehmen, das Einzige, was wir brauchen, ist Geduld, innere Ruhe und Orientierung.

Lebendig in unserem Herzen

Trennung ist unser Los,
Wiedersehen ist unsere Hoffnung.
So bitter der Tod ist, die Liebe
vermag er nicht zu scheiden.
Aus dem Leben ist er zwar geschieden,
aber nicht aus unserem Leben;
denn wie vermöchten wir ihn tot zu wähnen,
der so lebendig unserem Herzen innewohnt!

Augustinos

Der große Tröster

Die Zeit ist der große Tröster, sie trägt auf ihrem Rücken noch alle Umwälzungen heim, sie trocknet die bittersten Tränen, indem sie uns neue Wege zeigt und neue Stimmen an unser Ohr bringt. Wie der Westwind die Ähren des Weizenfeldes wieder aufrichtet, die der Sturm niedergebeugt und umgelegt hat, und die ermatteten und zerflitterten Grasbüschel auskämmt, – so geben wir uns der Zeit hin als dem Wind im Saatfeld der Gedanken, der die armen durchnässten, niedergebeugten Halme trocknet und aufrichtet.

Ralph Waldo Emerson

Es waltet stets dasselbe Leben

Wie wenn das Leben wär nichts andres
Als das Verbrennen eines Lichts!
Verloren geht kein einzig Teilchen,
jedoch wir selber geh'n ins Nichts.

Denn was wir Leib und Seele nennen,
so fest in eins gestaltet kaum,
es löst sich auf in tausend Teilchen
und wimmelt durch den öden Raum.

Es waltet stets dasselbe Leben.
Natur geht ihren ew'gen Lauf;
In tausend neu erschaffnen Wesen
Steh'n diese tausend Teilchen auf.

Theodor Storm

Tröste dich, die Stunden eilen,
Und was all dich drücken mag,
Auch das Schlimmste kann nicht weilen,
Und es kommt ein andrer Tag.

In dem ew'gen Kommen, Schwinden,
Wie der Schmerz liegt auch das Glück,
Und auch heitre Bilder finden
Ihren Weg zu dir zurück.

Harre, hoffe. Nicht vergebens
Zählest du der Stunden Schlag,
Wechsel ist das Los des Lebens,
Und – es kommt ein andrer Tag.

Theodor Fontane

Bibliografische Information der Deutschen Nationalbibliothek
Die Deutsche Nationalbibliothek verzeichnet diese Publikation
in der Deutschen Nationalbibliografie; detaillierte bibliografische
Daten sind im Internet über http://dnb.d-nb.de abrufbar.

Fotonachweis:
U1: © Hallgerd/fotolia.de
U2/ S.1; S.16/U3: © Herbie/fotolia.de
U4: © Unclesam/fotolia.de
S. 3: © Vaclav Volrab/fotolia.de
S. 4/5: © Gita Memmena/fotolia.de
S. 7: © Sternstunden/shutterstock.de
S. 8/9: © TPeter38/shutterstock.de
S. 11: © mypokcik/fotolia.de
S. 13: © Sally/fotolia.de
S. 15: © veida/fotolia.de

Besuchen Sie uns im Internet:
www.st-benno.de

ISBN 978-3-7462-3182-2

© St. Benno-Verlag GmbH
   Stammerstr. 11, 04159 Leipzig
Gesamtherstellung: Arnold & Domnick, Leipzig (A)